アメリカン・ユートピア

AMERiCAN UTOPiA

アメリカン・ユートピア

words

DAVid
BYRNE

art

MAiRa
KALMAN

文／ デイヴィッド・バーン

絵／ マイラ・カルマン

訳／ ピーター・バラカン

ストランド・ブックス

Despite all that has happened,
despite all that is still happening,
I think there is still possibility—
we are still a work in progress.

We're not fixed,
our brains can change.

Who we are thankfully extends
beyond ourselves...to the
connections between all of us.

これまでに起きたこと、
今も起きつつある諸々のことにもかかわらず、
私はまだ可能性があると思っている。

我々はいまだに発展途上にある。
固定されているわけではなく、
私たちの脳も変わりうるものだ。

ありがたいことに我々の人間性は本人を超え、
すべての人々との関係によって築かれるのだ。

everything changes

すべてが変わる

everything stops

すべてが止まる

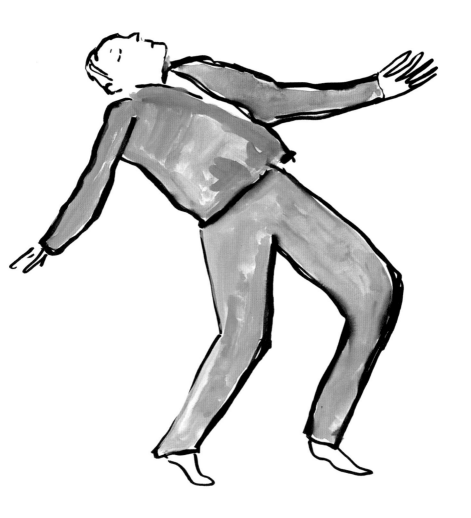

every day is a miracle

毎日が奇跡だ

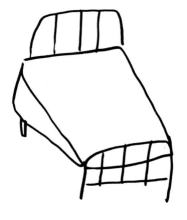

GOOD INTENT, KS

カンザス州　善意

wandering the city

looking for a home

街をさまよいながら
居所を探している

one can only guess

さあ、どうだろう？

would you like to talk about it?

話し合おうか

ZIG

ZAG

OR.

オレゴン州　ジグザグ

this is

これは

the best I can do

本当に　私の　ベスト　だ

I staple my heart to your love dear

君の愛に　ぼくの心を　パチンとつける

your kisses

彼は君のキスを

he inhaled

吸い込んだ

home, WA.

ワシントン州　自宅

HEY

it's not dark up here

おーい、ここは暗くないよ

HEY

it's not very far

おーい、遠くないよ

FROGVILLE, OK.

オクラホマ州
蛙街

TRUTR OR CONSEQUENCES, N.M.

ニュー・メクシコ州　真実か結果

my life is in your hands now

ぼくの命はもう君次第だ

and that's what we're doing it for

そのためにやっているのだ

but beauty is not what we're after

だけど目標は美ではない

What are those people

あそこの人たちは

doing over there?

何をやっている？

Should I be doing that TOO?

Are they like ME?

Are they LOOKING at me?

Should I go over and TALK to them?

Is there a LOGIC to this?

Is it supposed to make SENSE?

ぼくもそうすべきかな？

彼らはぼくと共通点あるかな？

ぼくの方を見ているの？

話しに行ってみた方がいいかしら？

これ、筋が通っている？

訳が分かるはずのものなの？

the dog

shows no

concern

犬 は

まるで

無関心

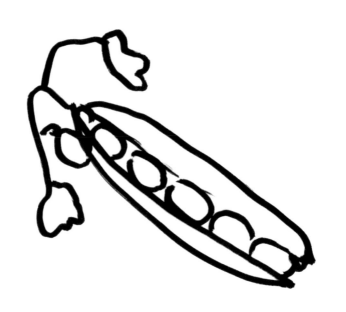

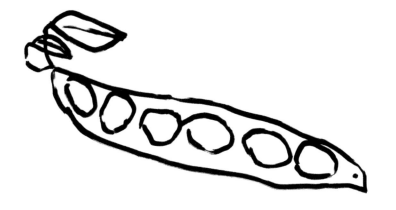

PAW PAW, MI

ミシガン州　ポー・ポー

make   a

より   細かい

closer inspection

検査を する

I'm not alone

and we're all the same
and the world won't end
it will just change its name

独りぼっちではない

皆同じだし、
世界はおしまいではなく、
名前が変わるだけだ

AShtaBula,

オハイオ州　アシュタブーラ

OH.

CREAM CAN JUNCTION, ID.

アイダホー州
クリーム缶分岐点

what am I supposed to know about this?

これについて何を知っていることになっている?

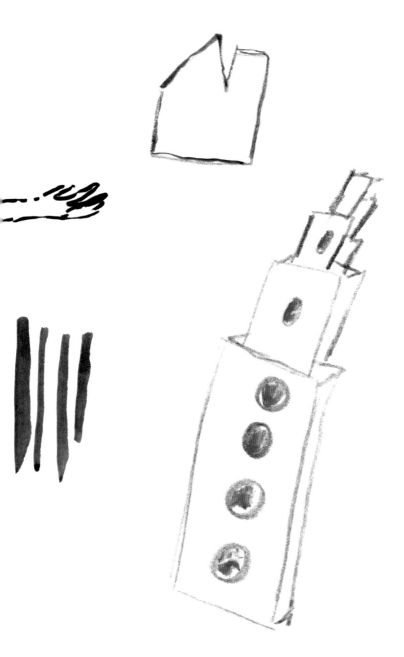

what am I supposed
to have in my hands?

ぼくは何を手に持っている
ことになっている？

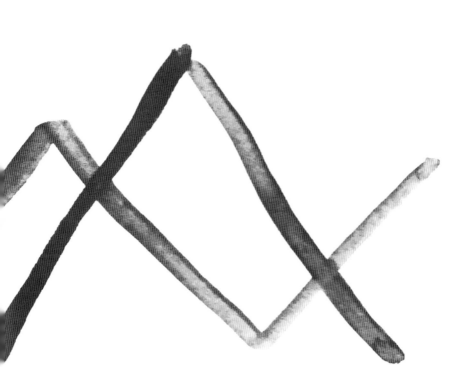

LINCOLN, NE

ネブラスカ州　リンクン

TOAD HOP, In.

インディアナ　蛙飛び

LUBBOCK, TX.

テクサス州　ラボック

Fümms bö wö tää zää Uu,

Uu zee tee wee bee fümms.

rakete rinnzekete

rakete rinnzekete

rakete rinnzekete

rakete rinnzekete

rakete rinnzekete

rakete rinnzekete

Beeeee

bö

excerpt from *Ursonate*

Kurt Schwitters, 1932

（「ウルソナタ」クルト・シュヴィッタースより）

the poet Hugo Ball said
the Dadaists' aims were
"to remind the world that there are
people of independent minds
beyond war and nationalism
who live for different ideals."

詩人のヒューゴー・ボールは
ダダイストの目標について
「世界に向けて、戦争と国家主義に束縛されず、
違った理想を追求する
独自の考えを持った人たちが
いることを知らせること」
と言っていた。

there's only one way to smell a flower

花の香りの嗅ぎ方は一つしかない

but there's millions of ways to be free

だけど自由になる方法は無数にある

LiZARd lick
NC.

ノース・カロライナ州
トカゲ舐め

Two Egg, FL.

フロリダ州　玉子2つ

well we know

where we're going

but we don't know

where we've been

and the future is certain

give us time to

work it out

さあ、行き先は分かっているけど
どこを通ってきたかは分からない
でも、今後それを整理する時間が
間違いなくあるでしょう

NOGALES, AZ.

アリゾナ州　ノガレス

imagine rolling down the window

窓を手で下げることを想像して

imagine opening the door

扉を開けることを想像して

must a question

質問には…

have an answer?

…どうしても答えが必要なの?

i'm not alone

独りぼっちではない

and we're all the same

皆同じだ

We dance like this
このように踊るのは

Because it feels so damned good
めちゃ気持ちいいからだ

If we could dance better
もっとカッコよく踊れれば

Well, you know that we would
当然そうしたいけどね

I'm working on my dancing
実は今練習中だ

This is the best I can do
今はこのくらいが限度だ

I'm tentatively shaking
一応体を揺らしている

You don't have to look
見なくていいですよ

BULLFROG
UT

ユタ州
ウシガエル

I'm tentatively shaking

一応体を揺らしている

and I'm never going to be alone

もう二度と独りぼっちになることはない

PADUCAH, KY

ケンタキ州　パドゥーカ

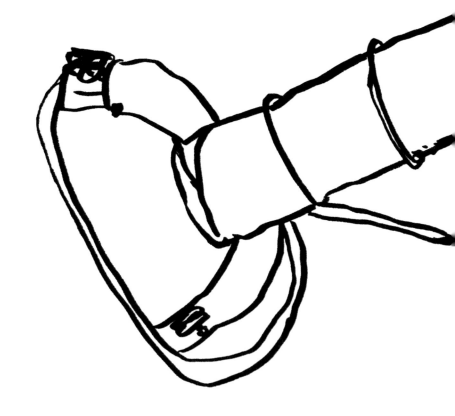

here is an area of great confusion

ここは大混乱の場所だ

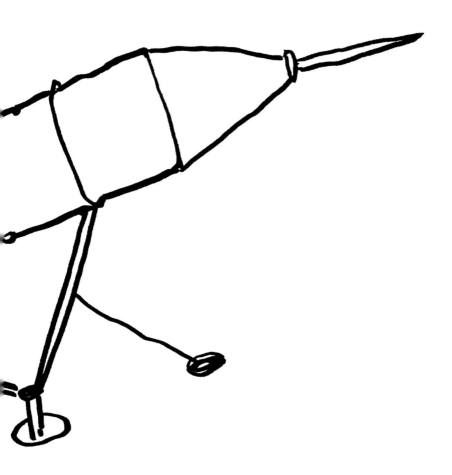

no more information now

現在これ以上の情報はない

LAZY Mountain, AK.

アラスカ州
怠け山

SHE
BOY
GAN,
wi.

ウィスコンシン州
シボイガン

this is my job

これがぼくの仕事だ

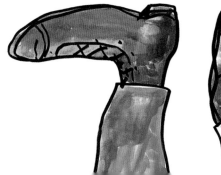

PORCUPINE, SD

サウス・ダコタ州　ハリネズミ

SElma, Al.

アラバマ州　セルマ

raise your eyes to the one who loves you

君を 愛する人を見上げて

it is safe
right where you are

そこは安全な場所だ

GOOFY RIDGE, Il.

イリノイ州　間抜け峠

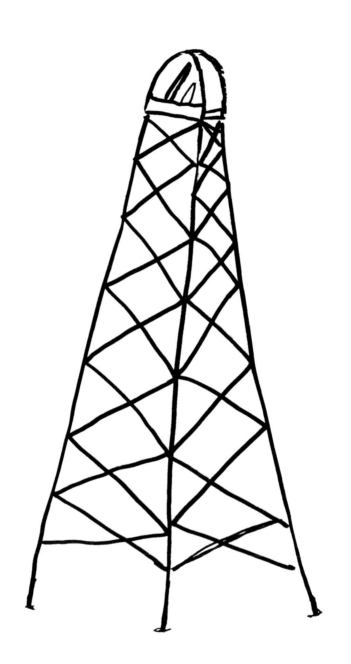

ThunderBolt, GA

ジョージア州　轟

FORKS

OF

SALMON,

CA.

カリフォルニア州
鮭分点

we're only tourists in this life

我々は人生の観光客にすぎない

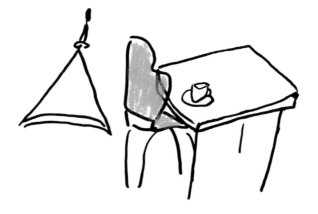

only tourists but the view is nice

だけど、眺めは素晴らしい

it's nothing special

べつに大したものではない

it's nothing profound

深い意味があるわけでもない

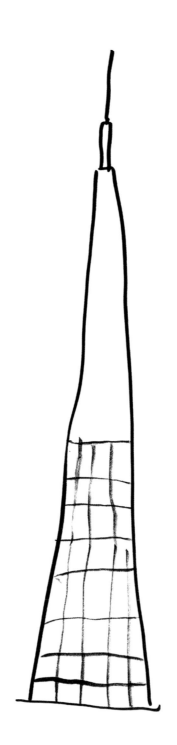

here's the connection with the opposite side

反対側との接点はここだ

here

ここ

here

ここ

here

ここ

i'm not alone

and we're all the same

and the world won't end

it will just change its name

独りぼっちではない

皆同じだし、

世界はおしまいではなく、

名前が変わるだけだ

us and you

こちらとそちら

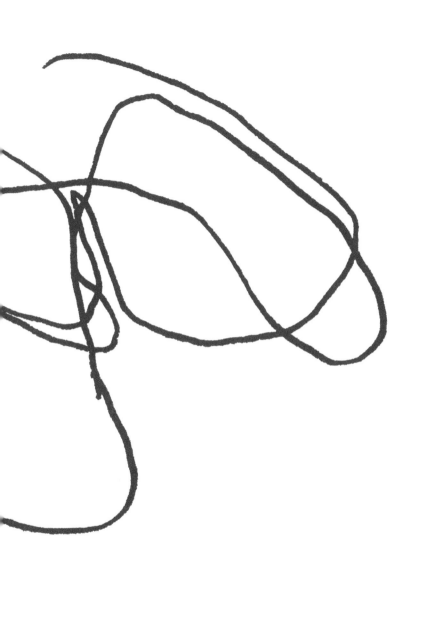

YES

その通り

本書の文と絵はデイヴィッド・バーンの
『アメリカン・ユートピア』を基にしています。

デイヴィッド・バーンは1952年にスコットランドに生まれ、1974年以降ニューヨーク在住。現在はアーティスト、作家、ミュージシャンとして活動中、娘と孫がいる。

マイラ・カルマンは1949年にテル・アヴィヴに生まれ、1954年以降ニューヨーク在住。現在はアーティスト、作家、デザイナーとして活動中、娘、息子、2人の孫がいる。

AMERICAN UTOPIA

Edit & Design by Alex Kalman / What Studio?

緞帳を吊るすという選択肢を提案してくれた

アレックス・ティンバーズ、

そしてその案を実現してくれたマイラに感謝します。

このショウから滲み出ていると私が思う希望と喜びを、

この形で手に取れるものに仕上げてみました。

マイラとアレックスのカルマン夫妻に感謝します。

d.b.

シャーロット・シーデイ、

ナンシ・ミラー、

この本を実現してくれたアレックス・カルマン、

そして誰よりもデイヴィッドに感謝します。

m.k.

　洋楽を聞く人口が年々減っている印象の日本では、2021年に誰もが驚くほど大きな話題を提供したのが『アメリカン・ユートピア』でした。デイヴィッド・バーンがかつて在籍したトーキング・ヘッズの最後のアルバムが発表されたのは1988年、今から33年前のことです。となると彼らの音楽をリアル・タイムで知っている世代は50歳以上になります。

　その後のデイヴィッド・バーンのソロ活動はずっと続いているものの、日本の普通の音楽ファンに注目されることが多い人ではないので、『アメリカン・ユートピア』が公開されると聞いた時、嬉しい反面、興業的にはあまり期待は持てないかなと思っていました。

　しかし、試写室で最初に見た途端に、そんな消極的な考えにとらわれてはだめだと分かりました。結果はどうであれ、こんな見事な作品を一人でも多くの人に知らせるべきだ、と確信したのです。

　字幕の監修を担当することになった関係でこの映画を繰り返し見ました。基本的にコンサート映画なのでその字幕の大部分は歌詞ですが、おそらく多くの日本人にとってデイヴィッド・バーンの歌詞に日本語で触れるのが初めてだったのではないかと思います。その分身近に感じたと言う人が目立ちしましたが、それよりも印象的だったのはデイヴィッド・バーンもトーキング・ヘッズもこれまで知らなかったという多くの若い世代の人たちが『アメリカン・ユートピア』を見て感激したことで

す。それはもちろんスパイク・リーが監督した映画作品としてのクオリティの高さゆえのことに違いないのです（細かいことは書きません。この本を手に取る時点でまだ見ていない方は直ちに見てください）。

　因みに本国アメリカでは、元々ブロードウェイの劇場で上演中のところ撮影された『アメリカン・ユートピア』は、コロナウィルスのせいか、オンラインで配信されただけでした。2021年9月17日に舞台での再演が決定し、その2日前の9月15日に1日だけ劇場上映されるというニュースを見てまた驚きました。コロナ禍でなければ海外から東京を訪れたはずの多くの旅行者にも、映画館でこの映画に圧倒される機会があればよかったのに、もったいない！

　この本の解説は特に要らないものだと思います。言葉は『アメリカン・ユートピア』で歌われている内容から抜粋したものです。他にはアメリカ各地の一風変わった地名が登場します。ただ単に語呂が面白いものもあれば、地名にはありえないような意味のあるものもあるのでそちらの方は日本語に訳しました。

　絵の方はイスラエル出身でニューヨーク在住のマイラ・カルマンがブロードウェイの劇場の綴帳を飾るために施したものです。開演前にこのアートワーク、そしてカーテンが上がった後はデイヴィッド・バーンを含む12人のミュージシャンたちによる『アメリカン・ユートピア』が展開されたわけです。

ピーター・バラカン

1951年ロンドン生まれ。

ロンドン大学日本語学科を卒業後、1974年に音楽出版社の著作権業務に就くため来日。現在フリーのブロードキャスターとして活動、「バラカン・ビート」(インターFM)、「ウィークエンド・サンシャイン」(NHK-FM)、「ライフスタイル・ミュージアム」(東京FM)、「ジャパノロジー・プラス」(NHK BS1)などを担当。

著書も『Taking Stock どうしても手放せない21世紀の愛聴盤』(駒草出版)、『ロックの英詞を読む〜世界を変える歌』(集英社インターナショナル)、『わが青春のサウンドトラック』(光文社文庫)、『ピーター・バラカン音楽日記』(集英社インターナショナル)、『魂(ソウル)のゆくえ』(アルテスパブリッシング)他多数。

2014年から小規模の都市型音楽フェスティヴァル Live Magic(https://www.livemagic.jp/)のキュレイターを務める。

ウェブサイトは　http://peterbarakan.net

アメリカン・ユートピア

2021年12月20日　初版印刷
2021年12月30日　初版発行

文　　　　　　　　デイヴィッド・バーン
絵　　　　　　　　マイラ・カルマン
訳　　　　　　　　ピーター・バラカン

発行者　　　　　　米田郷之
発行所　　　　　　株式会社 ストランド・ブックス
　　　　　　　　　143-0023 東京都大田区山王4-30-3
　　　　　　　　　info.strandbooks@gmail.com

発売所　　　　　　株式会社 河出書房新社
　　　　　　　　　151-0051 東京都渋谷区千駄ヶ谷2-32-2
　　　　　　　　　電話 03-3404-1201（営業）
　　　　　　　　　https://www.kawade.co.jp/

日本語版ブックデザイン　ヤマシタツトム
印刷・製本　　　　株式会社 シナノパブリッシングプレス

Printed in Japan
ISBN978-4-309-92236-2

LAST CHANCE, CO.

コロラド州　ラスト・チャンス